자기가 마음대로 돈을 그려서 무제한으로 쓸 수 있는 시대가 온다면
그대가 제일 먼저 하고 싶은 일은?

하악하악

이외수의 생존법

허약허약

정태련이 그리고
이외수가 쓰다

잠은 깊을수록 좋고 꿈은 야할수록 좋다 외로울 때는 하악하악 오늘도 날이 새면 기쁜 일만 그대에게

차례

1장 털썩 • 11

2장 쩐다 • 63

3장 대략난감 • 103

4장 캐안습 • 167

5장 즐! • 207

1장
털썩

해는 왜 아침마다 빙그레 웃으면서 떠오르는 것일까.

　나는 유년시절을 시골에서 보냈다. 장난감도 자연 속에서 재료를 구해서 직접 만들어야 했고 간식도 자연 속에서 채취해서 자급자족하는 수밖에 없었다. 하지만 도시의 아이들은 그때나 지금이나 필요한 것들이 있으면 무조건 돈으로 해결한다. 창의력이 떨어질 수밖에 없으며 부모를 돈의 공급처로만 인식하게 된다. 자녀 교육을 염려해서 도시로 이사를 간다는 부모들을 만나면 말해 주고 싶다. 자식 위해 이사 자주한다고 아무나 맹자 엄마 되는 거 아닙니다요.

　바람이 거세게 불고 있다. 비냄새가 섞여 있다. 나무들이 머리카락을 산발한 채 몸살을 앓고 있다. 세상은 오래전에 타락해 버렸고 낭만이 죽었다는 소문이 전염병처럼 떠돌고 있다. 그래도 지구는 아직 멸망하지 않았다. 나는 오늘도 집필실에 틀어박혀 진부한 그리움을 한 아름 부둥켜안은 채 그대가 오기만을 기다리고 있다.

인간반성 거리에서 행색이 남루한 사내 하나가 당신을 붙잡고 이틀을 굶었으니 밥 한 끼만 먹을 수 있도록 해달라고 애원했다. 당신은 그를 불쌍히 여겨 수중에 있던 삼만 원을 모두 털어주었다. 그런데 사내가 그 돈으로 회칼을 구입해서 강도살인을 저질렀다. 당신이 사내에게 베푼 것은 선행일까 악행일까.

　세상을 살다 보면 이따금 견해와 주장이 자신과 다른 사람을 '다른 사람'으로 인식하지 않고 '틀린 사람'으로 단정해 버리는 정신적 미숙아들이 있다. 그들은 대개 자신이 '틀린 사람'일지도 모른다는 의구심을 한 번도 가져본 적이 없다. 자기는 언제나 '옳은 사람'이라고만 생각한다. 성공할 가능성이 지극히 희박한 사람이다.

인간반성 비가 내리면 해가 뜨기를 바라고 해가 뜨면 비가 내리기를 바라는 사람들이 있다. 이런 사람들은 어떤 잘못도 자기 탓이 아니라고 생각한다. 하늘도 그의 비위를 맞출 수 없는 사람인데 인간인들 그의 비위를 맞출 수가 있겠는가. 가까이 하지 말라. 가까이 하면 덤터기를 쓰기 십상이다.

독서를 하는 것만으로도 다이어트가 된다는 기사를 읽었다. 어떤 책이 가장 효과적인 비만 치료제일까. 남자들은 포르노 잡지 하악하악, 여자들은 단연 꽃노털 옵하의 주옥 같은 작품들. 거기, 쌍똘 십는 사람, 용기는 가상하지만 동작 그만.

미래는 재미있게 놀 궁리를 하면서 시간을 보낸 젊은이들보다는 재미있게 살 궁리를 하면서 시간을 보낸 젊은이들을 위해 준비되어 있는 무대다.

스님왈, 달을 가리키는데 왜 손가락을 보느냐.
동자왈, 손가락에 낀 반지가 너무 예뻐서요.

꽃들의 제안 꽃병을 없애주세요. 애완용 강아지나 고양이가 예쁘다고 머리를 절단해서 실내를 장식하지는 않잖아요.

파리가 거만한 태도로 말했다. 나는 세상 만물 어디에나 붙어서 우주의 안팎을 논할 수 있는 능력을 가지고 있다. 그러자 사발에 담겨 있던 물이 파리에게 말했다. 그럼, 나한테 붙어서 네가 알고 있는 우주의 안팎을 한번 말해 보아라. 그때부터 파리는 두 손을 모아 싹싹 비는 습관을 가지게 되었다.

고등학교에서 국어를 가르치는 어느 시인이 강원도 두메산골에 있는 고등학교로 전근을 가서 수업시간에 혹시 백일장에 나가본 경험이 있는 학생이 있으면 손을 들어보라고 말했다. 학생들은 모두 어리둥절한 표정으로 시인을 쳐다보고 있었다. 그때 어떤 학생이 몰라도 너무 모른다는 어투로 시인에게 말했다. 선생님 여기는요, 백일장이 아니라 오일장이래요!

닥쳐 시리즈 거북이 아저씨가 민달팽이를 보면서 짜증스러운 목소리로 투덜거렸다. 전속력으로 달려도 시속 오십 센티를 넘기지 못하는 놈도 동물로 분류되냐. 그러자 민달팽이가 대답했다. 닥치세요. 아저씨는 저처럼 다리가 하나도 없으면 짱돌 그 자체예요.

　연가시라는 생물이 있다. 일급수 이상에만 서식한다. 철사벌레라고도 한다. 실같이 단순한 모양을 가지고 있다. 일정 기간 곤충의 몸속에 기생하다가 성충이 되면 곤충의 뇌를 조정해서 곤충이 물에 뛰어들어 자살토록 만드는 생물이다. 때로는 인간들도 욕망을 제어하지 못하고 쾌락의 늪에 뛰어들어 자멸해 버리는 경우가 있는데 혹시 의식 속에 이성을 마비시키는 허욕의 연가시가 기생하고 있는 것은 아닐까.

외롭지 시리즈 나는 실연의 상처 때문에 식음을 전폐하고 드러누워 있는데 식구들은 이박삼일 동해안으로 피서를 떠나버리고 냉장고마저 텅 비어 있지 말입니다. 하나님, 지금이 바로 동해물과 백두산을 이박삼일 동안만이라도 마르고 닳도록 만드실 기회입니다, 라고 청원해도 하나님은 무응답. 이럴 때는 온 세상이 정말 외롭지 말입니다.

소나무는 멀리서 바라보면 참으로 의연한 자태를 가지고 있다. 그러나 가까이서 바라보면 인색한 성품을 그대로 드러내 보인다. 소나무는 어떤 식물이라도 자기 영역 안에서 뿌리를 내리는 것을 절대로 허락하지 않는다. 소나무 밑에서 채취한 흙을 화분에 담고 화초를 길러보라. 어떤 화초도 건강하게 자라서 꽃을 피울 수가 없다. 그래서 대나무는 군자의 대열에 끼일 수가 있어도 소나무는 군자의 대열에 끼일 수가 없는 것이다.

어떤 초딩이 이외수의 사진을 보고 "나 이 사람 누군지 알아"라고 말했다. 엄마가 대견하다는 듯 물었다. "이 사람이 누군데?" 그러자 초딩이 자신감에 찬 목소리로 대답했다. "해모수야."

우등생들을 위한 엽편동화 **최근 한국의 일부 닭들 사이에 성형이 유행하고 있다. 녀석들은 발가락 사이에 성형으로 물갈퀴를 만들고 자기들은 닭이 아니라 오리이며 날마다 젖은 목청으로 새벽을 열어야 할 이유가 없다고 주장한다. 그래, 발가락 사이에 물갈퀴가 있으니 니들이 오리라고 치자, 하지만 정수리에 붙어 있는 그 잘나빠진 벼슬은 어쩔 건데?**

　길을 가다 돌부리에 걸려 넘어졌다. 길을 가던 내가 잘못이냐 거기 있던 돌이 잘못이냐. 넘어진 사실을 좋은 경험으로 받아들이면 누구의 잘못도 아니다. 인생길을 가다가 넘어졌을 경우에도 마찬가지다. 하지만 당신이 길을 가면서 같은 방식으로 넘어지기를 반복한다면 분명히 잘못은 당신에게 있다.

비만에 대한 백신 현대인들은 정신적 빈곤을 물질적 풍요로 위장하려는 어리석음을 반복하고 있다. 이는 안대로 눈을 가려서 그리움을 차단하려는 어리석음과 동일하다. 때로는 정신적 공복감이 육체적 식탐으로 전이되기도 한다. 거기에 편승해서 티브이들은 아침마다 경쟁하듯 먹거리들을 소개하면서 '정신이 빈곤한 자는 복이 있나니 비만이 저희 것이요'라는 복음을 전파한다.

남자는 태어나서 세 번만 울어야 한다고 주장하는 사람들이 있다. 하지만 횟수를 정해놓고 우는 것은 뻐꾹시계다. 가슴이 메마르면 눈물도 메마른다. 모름지기 인간이라면 타인의 아픔에도 눈물을 흘릴 수 있는 가슴을 간직하고 있어야 한다.

진실하면 모두가 詩입니다 깍두기의 팔뚝에 '차카게 살자'라고 새겨진 문신. 비록 맞춤법은 틀렸지만 새길 때의 그 숙연한 마음을 생각하면 깍두기도 그 순간은 시인입니다.

사람들은 대개 두 종류의 거울을 들여다보면서 인생을 살아간다. 하나는 자신의 외모를 비추어볼 수 있는 마음 밖의 거울이고 하나는 자신의 내면을 비추어볼 수 있는 마음 안의 거울이다. 그대는 어느 쪽 거울을 더 많이 들여다보면서 인생을 살아가고 있는가. 오늘도 하늘 비친 몽요담에 귀를 씻는 모월봉.

　그리움은 과거라는 시간의 나무에서 흩날리는 낙엽이고 기다림은 미래라는 시간의 나무에서 흔들리는 꽃잎이다. 멀어질수록 선명한 아픔으로 새겨지는 젊은 날의 문신들.

지성을 초월한 대화 모기가 스님에게 물었다. 파리가 가까이 가면 손을 휘저어 쫓으시면서 우리가 가까이 가면 무조건 때려 죽이시는 이유가 뭡니까. 스님이 대답했다. 얌마, 파리는 죽어라 하고 비는 시늉이라도 하잖아. 모기가 다시 스님에게 물었다. 그래도 불자가 어찌 살생을 한단 말입니까. 그러자 스님이 태연한 목소리로 대답했다. 짜샤, 남의 피 빨아 먹는 놈 죽이는 건 살생이 아니라 천도야. 철썩!

아무리 명포수라도 총 끝에 앉아 있는 새를 명중시킬 재간은 없다.

문은 들어가기 위해서 만들어졌나요, 아니면 나가기 위해서 만들어졌나요. 세상에는 간혹 이 따위 질문을 던지는 사람들이 있다. 문은 드나들기 위해서 만들어졌다. 그런데도 전자가 옳다느니 후자가 옳다느니 말다툼을 벌이는 사람들이 있다. 그 사람들에게 물어보고 싶다. 코는 숨을 들이쉴 때 쓰는 거니, 아니면 내쉴 때 쓰는 거니.

　인간이라는 이름으로 살아가면서 진실을 못 보는 것은 죄가 아니다. 진실을 보고도 개인적 이득에 눈이 멀어서 그것을 외면하거나 덮어버리는 것이 죄일 뿐이다.

어떤 외국인이 한식집에서 밥을 먹다가 주인에게 '선생구이'를 한 접시만 더 먹을 수 있겠느냐고 물었다. 주인은 흔쾌히 고개를 끄덕여 보인 다음 그에게 '생선구이' 한 접시를 날라다 주었다. 구한말에 떠돌던 유머라 썰렁하기는 하지만, 선생이 '바담풍'이라고 가르쳐도 '바람풍'으로 알아듣는 제자는 있다.

동화의 재구성

　유방확대 수술을 받은 백설공주가 일곱 난쟁이들에게 물었다. 다음에는 얼굴을 성형할 계획인데 니들 생각은 어떠니. 그러자 일곱 난쟁이들이 시큰둥한 목소리로 대답했다. 아무려면 어때요, 어차피 우리한테는 공주님의 얼굴이 보이지 않는 걸요(이유를 알고 있는 사람은 센스쟁이).

    마음이 좁쌀만 한 인간이 하나님을 믿으면 하나님의 크기도 좁쌀만 하고 마음이 태산만 한 인간이 하나님을 믿으면 하나님의 크기도 태산만하다. 마음의 크기가 좁쌀만 한 인간은 영혼이 좁쌀 속에 갇혀서 자신의 모습조차 보지 못하고, 마음의 크기가 태산만 한 인간은 영혼이 태산 위에 올라 천하만물을 두루 살피니, 지금 그대 영혼이 어디서 무엇을 보고 있는지 한번 말해 보시라.

척박한 땅에 나무를 많이 심는 사람일수록 나무그늘 아래서 쉴 틈이 없다. 정작 나무그늘의 혜택을 가장 많이 받는 사람들은 그가 뙤약볕 아래서 열심히 나무를 심을 때 쓸모없는 짓을 한다고 그를 손가락질하던 사람들이다.

현재 당신의 낭만지수는 제로상태입니다. 낭만이 고갈되면 당연히 사랑도 고갈됩니다. 당신은 단지 걸어 다니는 신장 172cm, 체중 65kg 짜리 사물에 불과합니다. 그런데도 쓸데없는 자존심은 남아 있군요. 아직 특별한 치료약은 개발되지 않았습니다. 예술가들과 자주 술자리를 같이 하면서 될 수 있는 대로 욕을 많이 얻어먹는 민간요법이 있는 듯합니다만 과연 당신의 쓸데없는 자존심이 용납할 수 있을지 의문입니다.

그대 신분이 낮음을 한탄치 말라. 이 세상 모든 실개천들이 끊임없이 낮은 곳으로 흐르지 않았다면 어찌 저토록 넓고 깊은 바다가 되어 만 생명을 품안에 거둘 수가 있으랴.

본인의 「자객열전」이라는 단편소설을, 국내 어느 유명대학에서 영어를 가르치는 외국인 교수가 번역한 적이 있었다. 나는 영어라면 먹통이기 때문에 제대로 된 번역인지 아닌지를 알아볼 도리가 없었다. 그래서 본문 중의 '호리병'이라는 단어를 어떻게 번역했는지만 찾아보았다. 그 외국인 교수는 '호리병'을 'horeesickness'로 표현하고 있었다. 나는 신음처럼 혼잣소리를 내뱉었다. 아, 쉬펄.

사람은 손이 두 개다. 오드리 햅번의 말처럼 한 손으로는 자신을 보살피고 다른 한 손으로는 남을 보살피라는 뜻이다. 그럼 다리가 두 개인 이유는 무엇일까. 한 다리로는 자신을 지탱하고 다른 한 다리로는 나쁜 놈들을 조낸 걷어차주라는 뜻이다. 아놔, 자비심. 나쁜 놈들에게는 때로 발길질도 자비요 축복이다.

어렸을 때, 내가 어른들에게 세상에서 제일 귀중한 것이 무엇이냐고 물어보면, 어른들은 이구동성으로 금이라고 대답했다. 그래서 나는 금이 먹으면 또 생기고 먹으면 또 생기는 음식인 줄 알았다. 먹지도 못할 금 때문에 사람들이 저토록 비굴하게 살아가리라고는 생각지도 못했디.

다른 나라와의 축구경기에서 우리 선수들이 부진한 모습을 보이면 해설자들이 그라운드 상태가 엉망이기 때문이라는 둥, 비가 와서 잔디가 미끄럽기 때문이라는 둥 하는 따위의 변명을 상투적으로 늘어놓는다. 아놔, 상대편 선수들은 명왕성에 가서 따로 경기하고 있냐, 그리고 비는 우리 선수들만 쫓아다니면서 쏟아지고 있냐. 변명을 많이 할수록 발전은 느려지고 반성을 많이 할수록 발전은 빨라진다. 이것은 개인에게도 적용되는 일종의 법칙이다.

닥쳐 시리즈 도시에서 온 초딩이 시골에 살고 있는 초딩을 만나자 덥석 팔소매를 부여잡고 겁먹은 목소리로 하소연을 늘어놓기 시작했다. 저기 나무 위에서 아까부터 어떤 짐승이 나를 보고 사납게 짖어대고 있었어. 저놈이 나를 잡아먹어버릴지도 몰라. 무서워 죽겠어. 그러자 시골에 살고 있는 초딩이 말했다. 닥쳐, 바보 같은 새꺄. 매미가 어케 사람을 잡아먹니.

예술이 현실적으로 쓸모가 없다고 생각하는 사람들이 있다. 그런 사람들에게는 카알라일의 말을 들려주고 싶다. 그렇다, 태양으로는 결코 담배불을 붙일 수가 없다. 그러나 그것이 결코 태양의 결점은 아니다.

하필이면, 수은주의 눈금이 급격히 떨어지고 하늘도 빙판같이 얼어붙는 이 겨울 문턱에서 사랑하는 이에게 이별을 통보한다면 그대는 저주를 받아도 변명할 여지가 없는 인간이다.

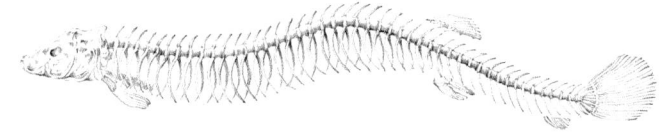

인간반성 "가만히 있으면 중간이나 가지"라는 말이 현대에 이르러 속담처럼 자주 쓰인다. 잘난 체할수록 못나 보인다는 사실을 자각하지 못하는 찌질이들이 그만큼 많아졌다는 반증이다. 그들은 왜 다양성을 인정하지 못하느냐고 항변할지도 모르지만 다양성이 곧 정당성은 아니라는 등식을 염두에 두지 않은 항변이다. 인간의 외모를 비추어볼 수 있는 거울은 있는데 인간의 내면을 비추어볼 수 있는 거울이 없다는 사실이 안타깝다.

이외수가 『여자도 여자를 모른다』라는 산문집을 내자 평소 이외수를 탐탁지 않게 생각하던 사내 하나가 자기 블로그에 비난의 글을 올렸다. 자기가 여자도 아니면서 여자에 대해 잘 아는 척 책까지 묶어내는 걸 보면 이외수는 분명히 사이비라는 내용이었다. 그 글을 읽어본 이외수가 어이없다는 표정으로 말했다. 그럼 파브르는 곤충이라서 곤충기를 썼냐?

자존심에 대못 박기 제자—책을 읽지 않는다고 왜 부끄러워해야 합니까. 격외옹—자존심이 상한다면 굳이 부끄러워할 필요는 없다. 인간을 제외한 이 세상의 모든 동물들이 책을 읽지 않는다고 부끄러워하지는 않으니까.

고양이에게 생선을 지키라는 소임을 맡긴 다음 볼일을 보고 돌아왔더니, 고양이는 어디론가 사라져버리고 뼈들만 여기저기 흩어져 있었다. 목격자들의 말에 의하면 고양이가 한눈을 파는 사이 갑자기 생선이 고양이에게 달려들어 고양이의 살점을 모조리 뜯어 먹어버렸다는 것이다. 흠좀무. 내가 살고 있는 세상은 수시로 기가 막혀서 말이 안 나오게 만드는 일들이 벌어진다.

날은 저물어 인적은 끊어지고 밖에는 빗소리 가을 발목을 적시고 있네. 오늘은 풀벌레들도 노래할 기분이 아니라네. 공허한 집필실에 앉아 나 홀로 마시는 암갈색 음악 한 모금. 시간이 조금씩 녹고 있네.

폐인에 대한 백신 요즘은 인생역전이라는 말을 늙은이들보다 젊은이들이 더 많이 남발한다. 살아보지도 않은 인생을 어떻게 역전시킨단 말인가. 게다가 대다수의 젊은이들이 로또를 역전의 주력무기로 생각한다. 당첨확률이 벼락을 두 번 맞을 확률만큼이나 희박하다는 로또를.

때로는 날 보고 이외수 닮았다고 말하는 사람들이 있다. 쩐다.

때로 이외수가 심혈을 기울여 집필한 책을 읽고 아무런 감동도 받지 못했기 때문에 책값이 아깝다고 투덜거리는 분들이 있습니다. 털썩입니다. 새로 구입한 천체망원경으로 곰팡이를 들여다보았을 때 아무것도 보이지 않는 것은 천체망원경이 잘못 되었기 때문이 아닙니다.

2장
찐다

하수와 고수 날파리 한 마리가 하악하악, 호랑이 등에 올라타고 하악하악, 자기가 호랑이를 때려잡았다고 하악하악, 큰소리를 치지만 하악하악, 정작 호랑이는 이 세상에 날파리라는 생물이 존재한다는 사실조차도 모르고 살아간다.

51

인생의 정답을 알기는 어렵지 않다. 다만 정답을 실천하면서 살기가 어려울 뿐.

밤이면 방충망에 붙어서 방 안을 들여다보고 있는 나방 아가씨들. 춤추고 싶어 미치겠다는 몸짓들이다. 전생에 뻔질나게 나이트를 드나들면서 남자들깨나 후리던 습성을 아직도 버리지 못했음이 분명하다. 날이 샐 때까지 저러고들 있겠지. 왠지 측은해 보인다. 형광등을 꺼버려야겠다. 그러면 영업이 끝난 줄 알고 돌아가겠지.

먹고 싶을 때 먹을 수 있고 자고 싶을 때 잘 수 있으니 나는 정말로 행복하다. 그리고 이 행복은 바로 먹고 싶을 때 먹지 못하고 자고 싶을 때 자지 못했던 젊음에서 유래된 것이다.

54

　컴퓨터로 어떤 서류에 인적사항을 기재할 때 대부분 직업란 예시항목에 소설가나 예술가는 빠져 있기 때문에 나는 어쩔 수 없이 기타라는 항목을 선택하게 된다. 그러니까 나는 전혀 기타를 칠 줄 모르는 듣보잡 기타맨이다.

55

　그대가 만나는 사람들 중에는 조금만 시간이 흘러도 망각의 늪 속으로 사라져버릴 사람이 있고 아무리 많은 시간이 흘러도 기억의 강기슭에 남아 있을 사람이 있다. 혹시 그대는 지금 망각의 늪 속으로 사라질 사람을 환대하고 기억의 강기슭에 남아 있을 사람을 천대하고 있지는 않은가. 때로는 하찮은 욕망이 그대를 눈멀게 하여 하찮은 사람과 소중한 사람을 제대로 구분치 못하게 만드는 경우도 있나니, 훗날 깨달아 통탄한들 무슨 소용이 있으랴.

어떤 사내 하나가 "예수천국 불신지옥"을 외치면서 전철을 누비고 있을 때였다. 홀연히 예수님이 나타나서 약간 난감한 표정으로 그에게 나지막이 물었다. 지금 뭐 하세요?

U보트가 출현했을 때 연합군은 속수무책이었다. 군수뇌부들이 모여 연일 대책을 논의했다. 어느 날 장성급 간부 하나가 U보트를 퇴치할 수 있는 기상천외한 방책이 떠올랐다고 소리쳤다. 모든 시선이 그에게로 집중되었다. 그가 의기양양한 목소리로 말했다. 바닷물을 끓이면 돼. 곁에 있던 동료가 그에게 물었다. 개쉐야, 도대체 무슨 방법으로 바닷물을 끓이겠다는 거니. 그러자 개쉐가 대답했다. 나는 기획자일 뿐이야. 끓이는 건 엔지니어들이 할 일이지.

양의 탈을 쓴 늑대가 더 나쁜 놈일까요, 늑대의 탈을 쓴 양이 더 나쁜 놈일까요.

이사를 와서 변기를 사용했는데 빌어먹을, 변기가 막무가내로 오바이트를 하기 시작했다. 알고 보니 MADE IN CHINA. 시공업체에 문의해 보니 국산보다 가격이 현저하게 싸기 때문에 중국제를 설치했다는 해명이었다. 결국 국산으로 교체하기는 했지만 배설물에 거부감을 느끼고 오바이트를 하는 고급변기가 지구상에 존재한다는 사실을 그때 처음 알았다. 오, 킹왕짱 알흠답고 놀라운 세상.

갠디 시리즈 화장실에 들어갔더니 몽달귀신이 변기 속에서 고개를 내밀고 내게 물었다. 빨간 휴지 줄까 파란 휴지 줄까. 내가 대답했다. 닥쳐, 멍청한 놈아. 이건 비데야.

꽃이 피었을 때는 꽃을 즐길 줄 알고 열매가 열렸을 때는 열매를 즐길 줄 알아야 한다. 그러나 어떤 인간들은 꽃이 피었을 때는 열매가 열리지 않았다고 지랄을 하고 열매가 열렸을 때는 꽃이 피지 않았다고 지랄을 한다. 그래서 지랄을 할 때마다 써먹으라고 '철 모르는 놈'이라는 말이 생겼다.

포기하지 말라. 절망의 이빨에 심장을 물어뜯겨본 자만이 희망을 사냥할 자격이 있다.

    다목리 계곡에 사는 버들치들은 화천강에 잉어가 살고 있다는 사실을 모른다. 행여 다른 물에 다른 물고기가 산다 해도 버들치와 다를 바가 없다고 생각한다. 그러니 바다에 고래가 살고 있다는 사실을 말해 준들 무슨 소용이 있겠는가. 계곡은 저 혼자 흘러 바다에 이를 뿐 버들치를 데리고 바다에 이르지는 못한다.

애인이 있는 여자를 넘보는 남자들은 골키퍼가 있다고 골이 안 들어가느냐는 말로 자신의 탐심을 합리화시키지만 원칙적으로는 어떤 경기에서도 관객에게 골을 넣을 자격을 부여하는 경우는 없지 말입니다. 그런데도 제기럴, 세상에는 원칙을 무시해 버리는 인간들이 너무 많지 말입니다.

05
지대공감 한국속담

무식한 귀신은 부적도 몰라본다.

06
대략 난감

세 살짜리 꼬마가 낭랑한 목소리로 내게 물었다. 하야버지는 커서 뭐가 될 꼬예요. 대답해야 하나 말아야 하나.

07
광고의 재발견

침대는 과학이 아닙니다. 곤충입니다. 침대는 잠자리니까요. 썰렁하다면 침대 측면에 설치되어 있는 온도조절장치를 난방모드로 바꾸어주시기 바랍니다.

아무나 죽어서 꽃이 될 수 있는 것은 아니다. 살아서 가슴 안에 한 송이 꽃이라도 피운 적이 있는 사람이 죽어서 꽃이 될 수 있는 것이다.

사랑의 절대법칙 사랑한다는 말 뒤에는 '어떤 일이 있더라도 영원히'라는 말이 생략되어 있다.

예술은 모방으로부터 출발한다는 말은 예술에 접근하지 못한 사람들을 위로하기 위한 사탕발림에 불과하다. 모방으로부터 출발하는 것은 기술이지 예술이 아니다. 분명히 말하지만 예술은 모방으로부터 출발하는 것이 아니라 창조로부터 출발하는 것이다.

하늘로 보내는 겨울 엽서 **하나님, 저는 아직 괜찮습니다.**

모든 물질은 둥근 모양에서 유래되어 현재의 모양을 유지하고 있으며 궁극적으로는 다시 둥근 모양으로 회귀하는 과정을 거치게 된다. 우주가 둥글기 때문에 생기는 현상이다. 마음도 마찬가지다. 본디 둥근 모습으로 태어나지만 여러 가지 현상들을 만나면서 여러 가지 모습으로 변화한다. 그러다가 우여곡절 끝에 결국은 둥근 모습으로 돌아간다. 마음이 모난 사람은 우주를 더듬는 사람이고 마음이 둥근 사람은 우주를 끌어안은 사람이다.

아픔은 진통제로 다스리고 슬픔은 진정제로 다스립니다. 물론 일시적인 효과밖에 없습니다. 외로움 말입니까. 그건 고질병이자 불치병이지요. 현재로서는 다스릴 수 있는 방법이 없습니다. 민간요법이 있기는 하지요. 농약을 마시고 자살해 버리는 방법입니다. 물론 한 병이면 충분합니다. 드릴까요.

나는 삼촌만큼 크면 반드시 대학생이 되어야겠다. 삼촌은 대학생이다. 삼촌은 공부를 안 한다. 맨날맨날 놀기만 한다. 부럽다. 대학생이 되면 공부를 안 하고 학원에도 안 가고 맨날맨날 놀기만 할 수 있는 것이다. 그래서 나는 크면 꼭 대학생이 되어야겠다. ─어느 조닝의 일기

가난한 사람들은 대개 돈을 욕하는 공통점을 가지고 있다. 개 같은 놈의 돈, 원수 놈의 돈, 썩을 놈의 돈, 더러운 놈의 돈. 이해는 할 수 있다. 그러나 인간이든 물건이든 욕을 하면 더욱 멀어지기 마련이다.

다소 쪽팔리는 일이기는 하지만, 내 홈페이지 작가 약력에는 시골 초등학교 분교에서 고용인 노릇을 했던 경력이 명기되어 있다. 열등한 내 젊은 날의 중심부, 절망 속에 당도한 막다른 골목. 지나간 시절을 회상할 때마다 흉터처럼 선명한 기억으로 떠올라 가슴을 아리게 만들더니, 요즘은 유명인들의 학력위조 사건을 배경으로, 내 어깨 위에서 박사학위보다 몇 배나 거룩한 자부심으로 나름대로의 광채를 발하고 있다. 이럴 때도 있구나, 민망하게시리.

감성마을 진입로에 조그만 교량을 설치하는 공사가 진행되고 있다. 거기 진입로에 적색으로 '천천히 공사중'이라고 한 줄로 쓰여진 입간판. 공사를 천천히 하고 있다는 뜻으로 받아들여진다. 하긴, 입찰을 따낸 지 한 달이 다 되어가는데도 아직 철근작업조차 제대로 끝마치지 못한 상태다. 혹시 입간판을 '공사중 천천히'라고 고쳐주면 작업이 빨라질까.

속담의 재발견 당근을 달라고 보채는 말일수록 채찍을 들고 싶은 충동을 부추긴다.

초등학교 일학년짜리가 대학에서 화학을 전공하는 삼촌에게 물었다. 삼촌 수소가 뭐야. 대학생 삼촌은 곁에 앉아 있는 여친을 흘깃 곁눈질한 다음, 자상하면서도 진지한 목소리로 수소에 대해서 설명하기 시작했다. 색깔도 없고, 맛도 없고, 냄새도 없는 가연성 기체로 화학원소 중에서 가장 간단한 원소인데 말이지, 가연성 기체라는 건 불에…… 그때 초등학생이 삼촌의 말을 가로막았다. 바보, 암소의 반대말이 수소야.

천재들은 이따금 '다른 답'을 창출해낸다. 그러나 무식한 채점관들은 '다른 답'과 '틀린 답'을 구분하지 못한다. 그래서 한순간에 천재를 둔재로 전락시켜 버린다.

필기도구라고는 연필밖에 모르는 철수에게 영희가 볼펜을 선물했다. 철수는 깎아 쓰기 불편하다는 이유로 볼펜을 쓰레기통에 내던져버렸다―이 예문의 행간을 읽지 못하는 난독증환자들은 대부분 영희가 볼펜을 선물하면서 사용법을 가르쳐주지 않았다는 사실을 중대한 결함으로 지적하면서 자신의 주장이 관철될 때까지 치기 어린 논쟁을 거듭하게 된다. 물론 글자를 읽을 줄 안다고 책까지 읽을 줄 아는 것이 아니라는 충언도 알아듣지 못한다.

독자들은 이따금 내게 직장을 가져본 경험이 있느냐고 물어본다. 물론 나도 몇 번 직장을 가져본 경험이 있다. 그러나 나는 대부분의 직장을 견딜 만했는데 직장들이 언제나 나를 견디지 못하는 양상을 보였다. 나는 직장이라는 놈이 나를 견디지 못하는 양상을 보일 때마다 과감하게 그놈을 내 인생에서 잘라내버리곤 했다.

전세계 범죄자들의 공통점은 '당하는 사람의 입장을 전혀 고려하지 않는다'입니다. 그래서 이기적인 성정은 자신뿐만이 아니라 타인의 비극과 위험까지를 공동으로 내포하고 있는 것입니다.

인간반성 병아리들이 "엄마 우리는 왜 하늘을 못 날아" 하고 물어볼 때 어미닭은 제일 복장이 터진다. 그대가 만약 자녀로부터 열등한 부분을 지적당한 어미닭이라 하더라도 "한 번만 더 그 따위 소리를 지껄이면 주둥이를 확 뭉개버릴 거야"라고 윽박질러서는 안 된다. 적어도 부모라면 "우리의 먹이는 땅에 있기 때문에 하늘을 날 필요가 없단다"라고 의연하게 대답해 주는 성품이 필요하다.

욕쟁이 할머니들이 경영하는 음식점을 손님들이 즐겨 드나드는 이유는 욕을 얻어먹고 싶어서가 아니다. 욕 속에 용해되어 있는 할머니의 정감을 얻어먹고 싶어서다. 정감은 아무나 흉내 낼 수 있는 내공의 산물이 아니다. 곰삭은 애정을 바탕으로 손님들을 바라볼 수 있어야만 터득되는 비술이다.

수천억의 재산을 가지고 있어도 쉬파, 빈곤으로 허덕이는 이웃을 땡전 한푼 도와줄 수 없다면, 그넘이 가난뱅이와 무엇이 다르겠느냐.

영국의 어느 대안학교에서 아이들을 호숫가에 풀었다. 쬐끄만 여자애 하나가 폴짝폴짝 뛰는 개구리 한 마리를 움켜잡더니 진지한 표정으로 키스를 해대기 시작했다. 선생이 물었다. "왜 개구리한테 키스를 하니." 그러자 여자애가 천진난만한 표정으로 대답했다. "왕자가 될까 하구요."

도시에서 온 여자가 동자꽃을 보면서 곁에 있는 남자에게 말했다. 촌에 사는 꽃들은 어쩐지 촌티가 나요. 그러자 동자꽃이 말했다. 자연 그대로 살아가는 저희들로서는 당신처럼 성형한 티를 과시할 방도가 없답니다.

중국에서 다년간 공부를 하고 돌아온 아들놈을 보면 혹시 저 자식도 짝퉁이 아닐까 하는 불안감이 생길 때가 있다.

간만에 외롭지 시리즈 법이 만인에게 공평하게 적용되지 못하는 나라에서 어찌 제헌절을 공휴일로 기념하겠습니까. 한글이 만인에게 나랏말씀으로 사랑받지 못하는 나라에서 어찌 한글날을 공휴일로 기념하겠습니까. 365일 닥치고 포맷, 일이나 열심히 하세요—라는 포스팅을 올리면서 조낸 외롭지 말입니다.

배가 지나가면 물결이 이는 것은 당연하다. 그러나 더러는 물결에 취해서 배가 어디로 가는지조차 모르는 사공이 있다. 염불에는 관심이 없고 잿밥에만 관심이 있으면 도대체 무엇으로 깨달음을 얻겠는가.

02

　나방 몇 마리 소문을 들었는지 방충망에 붙어서 방 안을 곁눈질하고 있다. 가서 놀아라. 오늘은 야동 안 본다. 아무리 말해도 믿지 않는다. 한밤중. 몽유병을 앓고 있는 외등 하나, 멍하니 밤하늘을 쳐다보고 있다.

04

　모른다는 사실은 결코 부끄러운 일이 아니다. 그러나 자신이 모른다는 사실조차 모르고 있다는 것은 부끄러운 일이다. 특히 자신을 드러내고 싶은 욕구에 사로잡혀 잘 모르는 대상에 대해 비판이나 비방을 일삼지 말라. 그것은 무지라는 이름의 도끼를 휘둘러 남의 뒤통수를 찍으려다 자신의 이마를 쪼개는 행위나 다름이 없다. 나무관세음보살.

04

　베토벤이 힙합곡을 만들지 않고 죽었다는 이유로 베토벤을 쓸모없는 작곡가라고 생각하는 부류들도 있습니다. 이해가 가십니까.

05

　때로는 어떤 사람의 성공이 많은 사람들에게 불행을 인겨줄 수도 있습니다. 그렇다면 그것은 진정한 성공이 아닙니다.

3장
대략난감

    성욕의 수풀만 무성하게 자라 오르는 도시. 그대는 오후 여섯 시만 되면 길을 잃어버린다.

문 열면 천 리 밖이 내다보이는 나이. 사람들이 길을 물을 때마다 나는 분명 동쪽을 가리켰는데, 사람들은 동쪽에 보이는 가파른 산 하나를 넘기 싫어 낭떠러지가 있는 서쪽으로만 가고 있구나.

나는 컴퓨터 초년병 시절 불타는 탐구정신으로 야동 사이트들을 들쑤시고 다니면서 인터넷을 익혔다. 그런데 어느 날 배경화면 전체가 음란물로 도배되는 현상이 나타났다. 지우면 나타나고, 지우면 나타나고. 밤새도록 사투를 벌였지만 소용이 없었다. 나는 하는 수 없이 당시 대학을 다니던 컴도사 아들놈을 호출했다. 아들아, 이 지겨운 연놈들을 모조리 처치해 다오. 아들놈은 내가 무안해 하지 않도록 최대한 애쓰면서 깨끗이 문제를 해결해 주었다. 에혀!

　꽃다운 젊은 날을 빈곤과 절망의 터널 속에서 방황하다가, 만고풍상에 너덜거리는 영혼으로 당도한 이순의 산등성이. 꽃노털이 되어 바라보는 세속이 눈물겨워라. 오늘도 서녘하늘 조각구름은 거처도 없이 한가롭거늘.

초저녁부터 애처롭게 울어대던 귀뚜라미 한 마리, 동틀 무렵까지 애처롭게 울고 있네. 오늘은 내가 다른 곤충들 짝짓기하는 야동 한 편 보여줄 터이니 잠시 그것으로 외로움을 달래시고 내일 다시 줄기차게 작업을 한번 걸어보자고 말해 주고 싶네.

그러니까, 당신이 문화예술에 대해 높은 식견을 가진 사람이라고 하더라도, 학생들에게 영화나 소설에 서툰 칼질이나 해대는 악습 따위는 가르치지 마시란 말씀입니다. 제발 감상하는 습관부터 길러주시라는 말씀입니다. 당신은 예술작품도 발전을 위해서는 칼질을 감내해야 한다고 주장하시지만 당신의 막돼먹은 칼질이 때로는 위대한 예술작품을 살해할 경우도 있다는 말씀입니다. 아, 오늘은 술맛이 왜 행주 빨아낸 구정물 맛인지 모르겠네.

오늘은 한글날. 한글은 세계적인 언어학자들이 이구동성으로 그 우수성을 인정한 인류 최대의 문화유산이다. 당연히 공휴일로 지정되어야 한다. 정부가 지정해 주지 않아도 내가 지정하겠다. 한글날만 되면 나는 무조건 쉬겠다.

어떤 단체에서 감투를 쓰거나 완장을 차면 갑자기 자신의 인격을 신격으로 착각하고 안하무인으로 설쳐대는 속물들이 있다. 그들은 감투나 완장을 지키기 위해서라면 친구나 부모를 배반하는 일도 서슴지 않는다. 뿐만 아니라 같은 무리 중에서 자기보다 주목 받는 존재가 나타나면 중상과 모략을 일삼는 특성도 나타내 보인다. 장자는 그런 부류들을 '썩은 쥐를 움켜쥔 올빼미'라고 표현했다.

자신이 소속된 단체와 그에 따른 감투들이 양면에 빼곡하게 인쇄된 명함을 근엄한 표정으로 내미시는 분들을 만나면 "명함이 아니라 이력서로군요"라고 말씀드리고 싶지 말입니다.

세상에는 제 작품들을 문학계의 '슈레기'로 취급하는 부류들도 더러는 존재하지 말입니다. 그분들은 대개 밤송이를 던져주면 그 속에 알밤이라는 과실이 들어 있는 줄도 모르고 겉에 있는 밤송이만 씹어먹고 나머지는 내던져버린 다음 자신이 알밤의 모든 것을 알고 있다는 듯이 말씀하시지 말입니다. 그때마다 저는 무인도에 유배된 기분으로 한 음절의 단어를 나지막이 내뱉고 싶지 말입니다. 즐!

모르는 것은 죄가 아니다. 그러나 모르면서 아는 척 설치는 것은 죄다.

105

  산꼭대기에 앉아 낚싯대를 드리우고 세월을 낚겠다고 허세를 부리는 속물군자여. 자신의 마음조차 낚아본 적이 없는 처지에 세월은 도대체 무슨 수로 낚겠단 말인가.

중딩들이 골목길에 모여 거만한 태도로 담배를 빨아대고 있다. 지팡이를 짚고 가던 노인 하나가 호통을 친다. 대가리에 피도 안 마른 놈들이 감히 어디서 담배질이냐. 중딩 한 놈이 따지듯이 묻는다. 우리가 담배 피는데 할아버지가 뭐 보태준 거 있으세요. 그러자 노인의 지팡이가 신묘하게 허공을 가른다. 일제히 대가리를 감싸쥐고 주저앉는 중딩들. 노인은 중딩들에게 한 마디를 남기고 유유히 사라진다. 내가 지팡이 휘젓는데 니놈들도 뭐 보태준 거 없지.

빙그레 웃음 한입 당신은 콜라병에 담긴 간장과 간장병에 담긴 콜라를 맛을 보거나 냄새를 맡아보지 않고도 구분할 수 있나요. 어떤 대상을 겉만 보고 판단하는 청맹과니들의 안쓰러운 신념과 욕망, 박수를 쳐 드릴까요. 무궁화 삼천리 화려강산, 가을이 떠나고 있네요. 그래도 하늘은 맑으니 빙그레 웃음 한입 베어 물고 차나 한잔 합시다.

110

대학생 커플이 티브이에 출연해서 스피드 퀴즈를 풀고 있었다. 여자가 들고 있는 낱말카드에는 카페라는 글자가 인쇄되어 있었다. 남자가 다급한 목소리로 힌트를 던졌다. 자기하고 나하고 자주 드나들던 장소. 여자가 재빨리, 그리고 확신에 찬 목소리로 대답했다. 모텔!

111

손바닥에 쓰는 동화 한국의 일부 권위 있는 학자들에 의해 어린이 대공원에서 사육되고 있는 호랑이들이 풀만 먹고 살아가는 초식동물로 판명되었다. 대다수의 관람객들이 그 사실을 믿지 않았지만 사실 확인을 위해 몰려든 기자들 앞에서 호랑이들은 사육사들이 던져주는 건초 더미를 게걸스럽게 먹어대기 시작했다. 한국은 정말 불가사의로 가득 차 있는 동물의 왕국이다.

악플을 작성한 다음 엔터를 치면 '당신의 두개골에 드릴로 구멍을 뚫고 개념을 충분히 주입한 다음 자판을 두드리십시오'라는 메시지가 돌출하는 프로그램을 개발하라. 그대는 틀림없이 노벨 평화상을 받을 수 있을 것이다.

113

　단체로 관광여행을 떠나는 날입니다. 아직 버스가 오지도 않았는데 일행 하나가 멀미 때문에 구토를 해대고 있습니다. 이럴 때 모두들 기분이 어떠실까요.

문학이 죽었다고 떠벌리는 놈들이 누구냐. 니들이 바로 문학을 말라 죽게 만드는 장본인들 아니냐. 자신들이 죽었다고 떠벌리는 문학의 시체에 붙어 진물이나 핥아먹고 살아가는 꼬락서니들하고는!

115

 시간이 지나면 부패되는 음식이 있고 시간이 지나면 발효되는 음식이 있다. 인간도 마찬가지다. 시간이 지나면 부패되는 인간이 있고 시간이 지나면 발효되는 인간이 있다. 한국 사람들은 부패된 상태를 썩었다고 말하고 발효된 상태를 익었다고 말한다. 신중하라. 그대를 썩게 만드는 일도 그대의 선택에 달려 있고 그대를 익게 만드는 일도 그대의 선택에 달려 있다.

116

깻다 시리즈 처음 보는 남자가 은근한 목소리로 "아가씨 시간 있으세요"라고 물었을 때 "지갑에 얼마나 있으세요"라고 되묻는 여자. 깻다.

117

예술가의 정신을 자기 것으로 만들 생각은 하지 않고 예술가의 기행만 자기 것으로 만드는 사람들이 있다. 하지만 자기 손으로 귀를 자른다고 누구나 고흐가 되는 것은 아니다.

아시나요. 시간이 정지해 버린 다목리. 무릎까지 빠지는 적설량으로 차오르는 이름들. 사랑한다고 말해 주고 싶어도 모두들 듣지 못할 거리에서 살아갑니다. 아시나요. 날마다 내게서 버림받은 낱말들은 모두 하늘로 가서 겨울밤 그대 잠든 머리맡 새도록 함박눈으로 쌓입니다.

119

　자기가 마음대로 돈을 그려서 무제한으로 쓸 수 있는 시대가 온다면 그대가 제일 먼저 하고 싶은 일은?

그대가 부모로부터 물려받은 것도 없고 하늘로부터 물려받은 것도 없는 처지라면, 그대의 인생길은 당연히 비포장도로처럼 울퉁불퉁할 수밖에 없다. 그리고 수많은 장애물을 만날 수밖에 없다. 그러나 두려워하지 말라. 하나의 장애물은 하나의 경험이며 하나의 경험은 하나의 지혜다. 명심하라. 모든 성공은 언제나 장애물 뒤에서 그대가 오기를 기다리고 있다.

장인정신이 투철한 도공은 흔히 마음에 들지 않는 도자기를 모조리 깨뜨려버리지만 예술적 안목이 없을 때는 명품만 골라서 깨뜨린다. 캐 안습이다.

122

영국 사람이 영어를 잘 하는 건 당연한 일이다. 한국 사람이 영어를 잘 하는 건 놀라운 일이다. 그런데 한국 사람이 영어는 잘 하면서 한국말은 잘 못하는 건 캐안습이다. 일찍이 퇴계 선생님이 말씀하셨다. 내 손자가 뜰 앞에 천도복숭아가 있는데 먼 데까지 가서 개살구를 줍고 있구나. 즐!

[1]

　예술작품을 보고 현실성이 없다고 비난하는 사람들이 있다. 계란을 보고 쥐를 못 잡는다고 비난하는 경우와 무엇이 다르랴.

[2]

　감성마을로 오는 길에는 몇 개의 표지판이 있다. 새가 바라보는 방향으로 4km. 물고기가 헤엄치는 방향으로 2km. 표지판에는 방향을 지시하는 새와 물고기가 한 마리씩 그려져 있다. 하지만 사람들은 하악하악, 너무나 화살표에 익숙해 있어서 뻑 하면 다른 길로 빠져버린다. 뿐만 아니라 도로의 일정 부분은 내비게이션도 감지하지 못한다. 사람들은 불만을 토로하지만 아냐, 모르시는 말씀, 인공위성 따위가 어찌 선계로 가는 길을 안내할 수 있단 말인가.

어느 날 현미경으로 연못 침전수에 섞여 있는 미생물들을 관찰하고 있는데 아내가 약간 놀리는 어투로 내게 물었다. 당신 그놈들 이름이나 제대로 알고 정신없이 들여다보고 있는 거유. 내가 대답했다. 그래서 지금 내가 이놈들 이름 붙여주고 있는 중이야. 나는 소설가의 시각으로 그놈들을 관찰하면 되지 반드시 생물학자의 시각으로 그놈들을 관찰할 필요는 없는 것이다.

왜 사람들은 행복을 잡기 위해서라고 말하면서 한사코 행복의 반대편으로만 손을 내미는 것일까요.

직장도 잘렸는데 열심히 글이나 써서 소설가나 되어볼까, 라고 말하는 사람들이 있다. 직장도 잘렸는데 열심히 공이나 차서 국가대표나 되어볼까, 라는 생각과 무엇이 다르랴. 문학은 그렇게 만만한 것이 아니다. 축구도 마찬가지다. 아놔, 소설가나 국가대표를 운전면허 따내는 일처럼 쉽게 생각하지 마세효.

128

지대공감 자작속담 악플 끝에 살인나고 친플 끝에 정분난다.

129

오석같이 경도가 높은 낱말이 있는가 하면 찰떡같이 점성이 높은 낱말도 있다. 저 혼자 반짝거리는 낱말도 있고 저 혼자 바스러지는 낱말도 있다. 언어의 맛을 볼 줄 모르면 언어의 맛을 낼 줄도 모른다. 건성으로 읽지 말고 음미해서 읽으라. 분석 따윈 집어치우고 감상에 열중하라.

어느 중학교 한문시험에 '백문(百聞)이 불여일견(不如一見)'이라는 한자말의 뜻을 적으시오라는 문제가 출제되었다. 한 학생이 '백 번 묻는 놈은 개만도 못 하다'라고 답을 적었다. 한문 선생님은 그 학생의 창의력을 가상스럽게 생각하여 반만 맞은 걸로 평가해 주었다. 실화다.

 그래. 다양성은 인정하자. 바다에는 정어리만 사는 것도 아니요, 육지에는 소나무만 사는 것도 아니다. 하지만 버려진 페트병도 정어리나 소나무와 똑같은 생명체로 취급해야 한다는 억지 따위는 부리지 말자. 오늘도 리플만복래.

132

　유능한 조련사는 말을 물가에까지 끌고 갈 수도 있고 말에게 물까지 먹여줄 수도 있다. 그런데 말이 싸가지가 없어지면 조련사가 오줌까지 대신 싸주지 않는다고 투덜거린다.

한국 사람들은 정력에 좋다는 것들은 닥치는 대로 잡아먹어서 멸종 위기에 처하도록 만든다. 내년 여름에 대비해서 지금부터라도 모기가 졸라 정력에 좋다는 소문을 퍼뜨리자. 그런데 양심이 정력에 좋다는 소문은 도대체 언넘이 퍼뜨린 거냐.

감성적으로 사물이나 낱말을 대할 때 석탄의 반대말은 목화다. 하지만 그 사실을 말이나 글로는 증명할 방법이 없다. 특히 석탄의 반대말이 자갈이라고 생각하는 사람들이 대부분인 세상에서는.

가지고 싶은 건 한없이 많은데 주고 싶은 건 하나도 없는 사람을 가까이 하지 말라. 끝없이 먹기는 하는데 절대로 배설은 하지 않는 습성 때문에 뱃속에 똥만 가득 들어차 있는 사람이라면 이미 인간이기를 포기한 사람으로 간주해도 무방하다.

때로는 글 한 줄이 남의 인생을 송두리째 바꾸어놓기도 한다. 나중에 잘못된 내 글을 발견하면, 바지의 남대문을 활짝 열어둔 채로 인파가 들끓는 거리를 활보했다는 사실을 알았을 때처럼 얼굴이 화끈거린다. 그런데 글쓰기가 내 직업이다. 후덜덜. 오늘도 남대문을 조심하면서 새벽부터 자판질.

외롭지 시리즈 한적한 산길을 걷다가 날개가 기막히게 아름다운 나비를 발견하고 탄성을 질렀는데, 곁에 있던 친구놈이 시큰둥한 목소리로 "너는 돈 안 되는 일에만 관심을 기울이는구나" 하고 씨부리면 지독하게 외롭지 말입니다.

외롭지 시리즈 혼자 몇 시간 동안 장거리 운전하고 있는데 동승한 친구넘들이 모두 곯아 떨어져버렸다는 사실을 알았을 때 참 외롭지 말입니다.

아내들이여. 남편들이 사랑고백을 자주 하지 않는다고 투정 부리지 말라. 남편들이 날마다 출근해서 녹음기처럼 되풀이되는 상사의 역겨운 잔소리를 참아내고, 자존심을 있는 대로 죽이면서 거래처에 간곡한 목소리로 전화를 걸고, 헤비급 역도선수의 역기보다 무거운 스트레스를 어깨에 걸치고 퇴근하는 모습, 그 자체가 바로 그대와 자식들을 사랑한다는 무언의 고백임을 명심하라.

유머의 재구성 실직한 아빠가 유치원에서 돌아온 아들에게 풀죽은 목소리로 물었다. 너는 커서 뭐가 되고 싶니. 그러자 아들이 호기 있게 대답했다. 대통령이요. 아빠가 아들에게 다시 물었다. 네가 대통령이 되면 아빠는 뭘 시켜줄 거냐. 기대감에 찬 목소리였다. 아들이 재빨리 대답했다. 탕수육이염!

111

하나님, 인생말년에 어쩌다 축복 한번 다운 받아보고 싶은데 버퍼링이 너무 깁니다. 파일의 용량이 너무 많아선가요.

112

어제는 날씨가 너무 후텁지근했습니다. 그래서 지금 서늘한 날씨를 다운받고 있는 중인데 버퍼링이 너무 심하네요. 이러다 여름이 다 지나간 다음에야 다운이 완료되는 거 아닐까요.

국내선 여객기가 이륙을 기다리고 있을 때였다. 스튜어디스가 통로를 지나가면서 탑승객들에게 서비스로 음료수를 제공하고 있었다. 그 광경을 유심히 지켜보던 네 살짜리 여자애가 부러움에 가득 찬 표정으로 탄성을 발했다. 아빠, 여긴 정말 장사 잘 된다 그치.

이외수가 어떤 도인에게 물었다. 구름을 타고 하늘을 날 수 있습니까.
그 도인이 대답했다. 하늘을 나는 일은 나비나 새들한테 맡겨두시게.

오늘만 어린이날 도시에 있는 대부분의 초등학생들은 수업이 끝나면 다시 몇 군데의 학원을 순례하고 집으로 돌아간다. 그때 초등학생들의 모습을 유심히 살펴보라. 학원을 모두 마치고 집으로 돌아가는 초등학생들의 표정이 하루 종일 잡무에 시달리다 집으로 돌아가는 40대 일용직 노동자의 표정과 흡사하다. 어린이는 나라의 새싹? 아놔, 새싹에 비료를 너무 많이 주면 말라 죽는 줄도 모르냐?

어떤 대학생들은 내 작품으로 급히 레포트를 써야 하니 충분한 자료를 보내달라는 메일을 보낸다(답장은, 검색해 보세요). 그런데 아예 개념을 된장국에 말아 먹은 여대생들은 수천만 원씩이나 되는 카드 빚을 대신 갚아달라고 메일을 보내기도 한다(답장은 그 돈으로 제 책은 얼마나 사보셨나요). 때로는 자기가 기르는 애완용 강아지가 새끼를 네 마리나 낳았는데 모두에게 예쁜 이름들을 지어달라고 생떼를 부리는 아줌마들도 있다(답장, 안 한다). 우쒸.

외롭지 시리즈 내 딴에는 심혈을 기울여 소를 그렸는데 남들이 말이라고 우기면 여물을 씹어 먹고 싶을 정도로 외롭지 말입니다.

148

젊은이여. 인생이라는 여행길은 멀고도 험난하니, 그대 배낭 속을 한번 들여다보라. 욕망은 그대 발걸음을 무겁게 만들고 소망은 그대 발걸음을 가볍게 만드는 법. 젊었을 때부터 배낭 속에 들어 있는 잡다한 욕망들을 모조리 내던져버리고 오로지 소망을 담은 큰 그릇 하나만을 간직하지 않으면 그대는 한 고개를 넘기도 전에 주저앉고 말리라. 하악하악.

149

재림예수의 굴욕 가족들이 전부 모여 저녁식사를 하고 있을 때였다. 갑자기 아버지가 심각한 표정으로 말씀하셨다. 사실은 내가 재림예수이니 너희가 추호도 의심치 말지어다. 아버지는 손발에 선명하게 남아있는 못자국과 옆구리에 선명하게 남아 있는 창자국을 가족들에게 보여주셨다. 가족들은 모두 놀라움에 사로잡혀 있었다. 그러나 어머니는 거들떠보지도 않으시고 조용한 어조로 말씀하셨다. 그만 닥치고 밥이나 처자시오!

한 가지 일에 평생을 건 사람에게는 오늘의 일을 내일로 미루지 말라는 격언이 무의미하다. 그에게는 오늘이나 내일이 따로 없고 다만 '언제나'가 있을 뿐이기 때문이다.

151

    나무들 앙상한 가지를 엮어 해맑은 하늘에 그물을 쳐놓았네요. 무엇이 걸릴까요.

152

    시간이 죽었다. 시간이 죽은 줄도 모르고 시계는 초침을 움직이고 있다. 추적추적 비가 내리고 있다. 세속의 쓰라린 기억들이 빗물에 지워지고 있다. 비가 내리면 배호의 노래를 부르고 싶어진다.

까마귀 한 마리가 달빛을 가로질러 간다고 온 세상에 어둠이 오는 것은 아니다.

154

악플―자신이 천박하면서도 단세포적인 두뇌를 가졌다는 사실을 발악적으로 과시함으로써 치떨리는 소외감과 패배감을 졸렬한 우월감과 정의감으로 환치시키고 싶어하는 인터넷 찌질이들의 유독성 토사물.

155

지역마다 적당량의 개념을 주입해 주는 개주소(개념주입소) 시설이 있었으면 좋겠다. 개념이 없는 인간들이 인터넷에 접속하면 자동으로 하드가 절명해 버리는 장치도 개발되었으면 좋겠다. 프로그래머들이 넷좀(인터넷 좀벌레-악플러)들의 접근을 차단시키거나 박멸해 버리는 살충제도 개발해 주었으면 좋겠다.

아마는 자신이 보유하고 있는 재능을 승부의 관건으로 생각하는 수준에 머물러 있지만 프로는 관객에 대한 사랑을 승부의 관건으로 생각하는 경지에 도달해 있다. 그리고 무엇보다 중요한 것은 프로도 아마도 관객의 눈을 속이지는 못한다는 것이다.

어쩌면 좋아 남들은 노랫말로 자신의 심중을 대신하기도 하는데 내게는 지금의 내 심중을 대신할 노랫말조차 없구나. 일몰. 내 영혼이 너무 야위어 있다.

과학자들의 이론에 의하면 어떤 사실을 알고 난 다음에는 어떤 방법으로도 알기 이전의 상태로 복원할 수 없다. 그 이론을 사람과의 만남에 적용시키면 어떤 사람을 알고 난 다음에는 알기 이전의 상태로 되돌릴 수 없다는 결론을 유추해 낼 수 있다. 내 머릿속의 지우개 따위로는 완전무결하게 지울 수가 없는 것이다. 그래서 인연은 소중하다. 비록 사이버 공간에서의 만남이라도 가급적이면 아름다운 기억으로 간직할 수 있도록 서로를 배려하자. 하악하악.

물질에 천착하는 인간들은 눈에 보이지 않는 것들보다 눈에 보이는 것들을 중시하는 성향이 있지만, 알고 보면 눈에 보이지 않는 것들이 눈에 보이는 것들을 지배하는 경우가 대부분이다. 이것 한 가지만 알아도 성품이 달라지고 인생이 달라진다. 이 말 속에 인생역전의 비밀이 숨겨져 있다.

160

외롭지 시리즈 고속버스 안에서 장시간 요의를 참고 있으면 휴게소가 나타날 때까지 방광이 터질 듯한 외로움이 계속되지 말입니다.

161

외롭지 시리즈 동네 꼬마들 만화영화 구경시켜 준답시고 극장에 데리고 갔을 때, 주인공 로봇이 악당 때려 부수기 위해 출동하면 극장을 가득 메운 초딩들 힘차게 주제가 따라 부르지 말입니다. 그때 저만 가사를 몰라서 뻘쭘하게 입 다물고 있으면 갑자기 2분 정도는 참 외롭지 말입니다.

162

하늘이 흐리구나. 신경통 앓는 내 관절 속에서 개구리들 송일토록 왝자한 소리로 울겠구나. 장마비 내리면 그대가 못 견디게 그립겠구나.

163

하나님께서 코끼리에게 커다란 날개를 달아주셨다면 세상은 어떻게 달라졌을까요.

164

자존심에 대못 박기 자신의 실력이 메이저 선수와 동급이라고 생각하는 마이너 선수는, 그러한 자만심을 버리지 않는 한 메이저 선수로 승격될 가능성이 희박하다. 어떤 문학그룹에서 자타가 공인하는 기량을 가진 작가 지망생들이, 정통한 관문을 거쳐 데뷔하지 못하는 이유는, 심사위원들의 눈이 멀었기 때문이 아니라 자만심에 자신의 눈이 멀어 문학의 진정성을 보지 못하기 때문이다.

4장
개안습

하나님전상서 지렁이의 피부를 색동으로 만들어주실 수는 없으신가요. 하는 일에 비해 너무 홀대를 받으면서 살고 있다는 생각이 들어서요.

물방개가 다슬기에게 말했다. 한평생 집 없이 떠도는 자의 슬픔을 한평생 단독주택에서 평온하게 살아가는 다슬기 따위가 알 턱이 없지. 그러자 다슬기가 물방개에게 말했다. 한평생 집을 짊어지고 땅바닥을 기어 다녀야 하는 자의 비애를 하늘을 날아다닐 수 있는 물방개 따위가 헤아릴 턱이 없지. (자기보다 더 아픈 자의 고통을 헤아려본 적이 없는 자의 하소연은 대부분 엄살이거나 허영일 가능성이 높다.)

　부부싸움을 하다가 아참, 울 마누라가 여자였지, 라는 사실을 자각하면 즉시 전의를 상실하게 된다.

인터넷 카페나 블로그에 내 글을 허락도 없이 게재하시는 분들이 있다. 저작권 침해에 해당하지만 내 글을 사랑해 주시는 거라 생각하고 눈감아드릴 때가 많다. 그러나 출처를 안 밝히거나 오자 탈자 투성이거나 심지어는 남의 글과 교접을 붙여서 전혀 다른 작품으로 만들어버리면 면상이라도 한 대 쥐어박고 싶어진다. 자기 자식 납치해다가 눈알 빼고 코 뭉개고 심지어는 다른 놈 팔다리까지 붙여놓으면 부모로서 기분이 어떨까를 한 번쯤 생각해 보라. 퍽!

속담의 재발견 질 좋은 야동 한 편, 열 명화 안 부럽다. 하악하악.

저는 붕어입니다. 인간들은 제 기억력이 0.4초밖에 안 된다고 조롱하시지만 저는 태어나는 순간부터 부모 곁을 떠나서 지금까지 순전히 자립으로만 성장했습니다. 혹시 인간들 중에서 조낸 부끄럽다고 생각하시는 분 안 계십니까.

"비밀 꼭 지켜"라고 말하는 순간 이미 비밀은 누설된 것이다.

예술가들이 평범하게 사고하고 평범하게 생활하기를 요구하는 것은 결국 예술가들에게 개성 없는 작품을 만들어달라고 요구하는 것이나 진배없다. 예술 속에는 허리가 곧은 소나무도 있고 허리가 굽은 대나무도 있는 법이다. 세속의 저울이나 잣대로 그것들을 평가하는 것은 예술에 대한 일종의 테러다. 아놔, 개미 요리나 해먹자. 누가 뭐래도 개미는 등심살이 맛있다.

밤새도록 장대비가 쏟아졌고, 순식간에 계곡물이 범람했고, 진입로가 유실되었고, 식구들은 고립되었고, 하지만 라면은 충분하고, 우리 집은 노아의 방주보다 더 안전한 벙커, 석 달 열흘 비가 온다고 하더라도 살아남을 자신은 있는데, 오로지 이 빌어먹을 놈의 외로움이 처치 곤란한 문제거리다.

174

있을 법도 한데 없는 것들 — 두 발을 교차해서 걸어 다니는 참새. 팔을 벌리고 있는 허수아비의 관절. 임기 동안 공약을 백프로 실천하는 정치가.

175

있을 법도 한데 없는 것들 — 마비게이션(말에다 부착하는 운행안내 장치). 시모콘(시간 원격 조종기). 참아그라(발기한 물건 잠시 죽이는 약).

어느 날 다목리 노인회관 앞 공터에 천체망원경을 설치하고 달을 포착해서 아이들에게 한번 들여다보자고 간청했더니 그중 큰놈이 슬금슬금 뒷걸음질을 치면서 사양하는 말. 그냥도 잘 보여요.

비평을 빙자한 비난꾼들에 대하여 똥파리들이, 똥덩어리 표면을 훑어보고 얻어낸 자기 판단을 밑천으로, 싸지 말았어야 할 똥이라느니 먹기 불편한 똥이라느니, 나름대로의 지식을 과시하지만, 때로는 그 똥덩어리가 대지를 기름지게 만들기도 한다는 사실을 알고 있는 똥파리는 한 마리도 없다. 그러니까 똥파리는, 한평생 똥파리로 살아가는 것이다.

오늘도 인간반성 티끌 같은 노력으로 태산 같은 보상을 바라지 말라. 그런 사람이 축적할 수 있는 재산은 티끌같이 미흡한 존재이유와 태산같이 거대한 불평불만뿐이다.

서울은 아직도 가을인데 시골에서 올라오신 외할아버지, 머리에 눈이 하얗게 덮였어요. 시골은 서울보다 겨울이 빨리 오나 봐요.

180

마음에 들지 않는 인간을 만나면 그래, 산에는 소나무만 살지는 않으니까, 라고 생각하면서 위안을 삼는다.

181

수년 전, 나를 존경한다는 조폭 오야붕 가족들과 고씨굴에 들어간 적이 있었다. 십여 미터쯤 굴 속으로 들어갔을 때였다. 나는 갑자기 녀석의 얼굴이 창백한 빛깔로 굳어지고 있음을 의식했다. 무슨 일인가 싶어 녀석에게 물었다. 얼굴색이 왜 그러냐, 어디 아프냐. 그러자 녀석이 난감한 목소리로 대답했다. 형님, 여긴 입구 말고는 토낄 데가 없잖습니까. 나는 그때 조폭에게도 직업병이 있다는 사실을 깨달았다.

외롭지 시리즈 혼자 극장에 들어가 기막히게 재미있는 영화를 보거나 혼자 식당에 들어가 기막히게 맛있는 음식을 먹을 때, 차라리 군대라도 다시 들어가 완전군장에 알철모로 뺑이를 치는 편이 낫겠다 싶을 정도로 인생이 작살나게 외롭지 말입니다.

가을이 되면서 계곡의 물소리가 갑자기 조용해졌다. 무슨 일이 있느냐고 계곡에게 물었더니, 작은 풀벌레들이 짝을 부르는 소리가 멀리까지 잘 들리도록 숨죽여 흐르고 있는 중이라고 대답했다.

법에게―중죄를 저지르고도 권력을 배경으로 배 째라고 버티는 넘들, 속 시원하게 배를 확 째버릴 수는 없겠니.

추석이 며칠 남지 않았습니다. 명절이 다가올 무렵이면 티브이들은 여자들에게 불평불만을 토로할 수 있는 기회를 줍니다. 이때 여자들이 평가하는 남자들은 한 마디로 무용지물입니다. 여자들이 주방에서 음식을 장만하느라고 뼈골이 빠질 때 남자들은 방 안에 틀어박혀 고스톱이나 치고 술이나 마시면서 박장대소나 일삼는 철면피한들입니다. 그런데 말입니다, 남자들이 평소에 얼마나 뼈골이 빠지는가를 여자들은 왜 명절만 되면 잊어버리는 것일까요. 하악하악.

186

세월 아뿔싸, 잠에서 깨어나 차 한 잔 마시니 어느새 해가 져버렸구나.

187

악플러들을 위한 백신 그대가 비록 절세의 무공을 지닌 검객이라 하더라도 인터넷이라는 강호에 나가면 함부로 칼을 꺼내 들지 않도록 각별히 조심하시게. 자신의 알량한 검법을 과신해서 좌충우돌 안하무인으로 미친 칼을 휘둘러대던 검객들이 이름도 없는 촌로가 섬광처럼 휘두르는 갈대 잎에 목이 뎅겅 잘려 나가는 광경을 나는 여러 번 목격했다네.

미풍도 없는데 새벽 갈대가 달빛 아래 저 혼자 흔들리고 있다.

189

지난 일요일은 마누라의 생일. 밤을 새워 정성껏 미역국을 끓였다. 하악하악. 이름하여 감성 미역국. 내조를 잘 하는 아내는 우렁이 속에서 나오는 것이 아니다. 남편이 평생을 다 바쳐 만들어가는 것이다.

190

낙엽에 쓰는 일기 이별해 본 적이 없는 이의 가슴에도 서늘한 이별의 아픔이 고이는 계절—가을.

오늘의 발견 컴퓨터 모니터에 육안으로는 포착되지 않는 좀벌레가 기생한다는 사실이 밝혀져 충격을 주고 있다. 이 좀벌레는 부드러운 모음만을 갉아 먹는 특질을 가지고 있으며 사용자들에게 자음만으로 단어를 판독하도록 만드는 불편함을 야기시키고 있다. ㅅㅂㄹㅁ(시발라마), ㅈㄲ(조까), ㄱㅅㄲ(개새끼), ㅂㅌ(변태) 따위의 기형적 표기들은 모두 이 좀벌레에 의한 모음탈락현상을 두드러지게 나타내 보이고 있다.

다른 코끼리의 반밖에 안 되는 코를 가진 코끼리를 만나면 당신은 어떤 말로 위로를 해주실 건가요.

여자는 결혼을 하고 타인의 이목에 신경을 쓰지 않는 습관이 생기면서 순식간에 아줌마로 전락해 버린다. 아줌마는 매사에 용감한 행동을 일삼기는 하지만 목적이 어떠하든 거룩해 보이지는 않는다. 아줌마가 되지 않으려면 이기적인 행동이 여자의 아름다움을 가장 빨리 훼손시킨다는 사실을 자각할 필요가 있다.

정치가들은 내륙산간지방 실개천에도 고래 떼가 살도록 만들겠다는 공약 따위를 남발한다. 나중에 국민들이 실현하지 못한 이유를 따져 물으면 잘못은 고래 떼에게 있다고 답변한다. 즐이다.

자존심에 대못 박기 젊은이여. 세상이 그대를 몰라주더라도 절망하지 말라. 젊었을 때 이를 악물고 실력을 연마하라. 실력은 생존경쟁의 절대무기다. 거기다 고매한 인격까지를 겸비할 수 있다면 그대는 문자 그대로 천하무적의 반열에 오를 수 있다. 물론 그대가 지하도에서 노숙을 하면서도 여생을 즐겁게 보낼 수 있는 성품을 가졌다면 젊은 날을 허송세월로 보내도 상관은 없겠지만.

후배가 담임을 맡았던 학생 중에서 시험을 보면 수학점수만 월등하게 높은 녀석 하나가 있었는데 후배의 판단에 의하면 어떤 가능성을 감안하더라도 그렇게 높은 점수를 얻어낼 재목이 아니었다. 어느 날 후배는 은밀하게 녀석을 다그쳤다. 솔직히 말해라 커닝했지. 그러나 녀석의 대답은 의외였다. 마음을 비우고 찍었어요. 후배가 다시 물었다. 그런데 언어영역은 왜 점수가 그 모양이냐. 녀석이 대답했다. 아는 글자가 많이 나오면 마음이 안 비워져요. 실화다.

　다양성에 관한 명상 다양성을 빙자해서 정당치 못한 주장까지 인정받아야 마땅하다고 억지를 부리지 말라. 그대가 다양성 안에 내포된다면 그대를 인정하지 않는 사람도 다양성 안에 내포된다는 사실을 감안하라. 삼백 년 한 자리를 지키고 서 있는 저 고목나무는 오늘도 침묵으로 삼백 가지 목숨을 키우고 있다.

 한 우물을 파다가 끝까지 물이 안 나오면 인생 막장 되는 거 아냐, 라고 말하면서 손도 까딱하지 않는 사람들이 있다. 삽질 한 번 해보지 않고 그런 소리나 하는 사람들, 대개 남에게 물을 얻어먹고 살거나 한평생 갈증에 허덕거리면서 세상 탓이나 하고 살아간다. 쩝이다.

[1x]

산은 정지해 있으되 능선은 흐르고 있고, 강은 흐르고 있으되 바닥은 정지해 있다. 그대가 두 가지를 다 보았다고 하더라도 아직 산과 강의 진정한 모습을 보았다고는 말하지 말라. 산은 산이 아니고 물은 물이 아니다.

[2x]

한국은 은자의 나라다. 은자는 도인과 동격이다. 수년 전에 남쪽 어느 마을에 밤만 되면 엄청난 숫자의 모기 떼가 출몰해서 극성을 부린 적이 있었다. 어느 방송국에서 카메라를 들고 출동했다. 마을 사람들은 이구동성으로 못 살겠다는 하소연을 연발했다. 그런데 어떤 노인 하나가, 대수롭지도 않은 일로 호들갑을 떨고 있다는 듯, 마을 사람들에게 한 마디를 던졌다. 아, 그만 멕여서 재워!

인터넷을 떠돌다 보면 무식을 무슨 명문대 졸업반지처럼 손가락에 착용하고 유치찬란한 타발로 미친 칼을 휘둘러대는 또라이들도 많더라. 제 목구멍에 풀칠하기도 어려운 주제에 허구한 날을 키보드나 끌어안고 타인을 비방하는 즐거움 하나로 살아가는 잉여인간들도 많더라. 하지만 그들도 정작 가슴을 들여다보면 저 깊은 외로움 어딘가에 아름다운 생각 하나쯤은 간직되어 있겠지?

    한쪽 방향에서만 사물이나 사태를 바라보는 습관은 때로 관측자를 치명적인 오류에 빠뜨린다. 해가 반드시 동쪽에서 떠서 서쪽으로 진다는 견해도 그런 오류 중의 하나다. 북극이나 남극에서만 하더라도 해는 동쪽에서 떠서 서쪽으로 지지 않는다.

　미치겠다. 오늘자 지방신문 사회면에 감성마을에 관한 기사가 실렸는데 '문하생'을 '문화생'으로 표기하고 '산문집'『여자도 여자를 모른다』를 새로 쓰여진 '소설'로 둔갑시켜 버렸다. 대수롭지 않은 일 같지만 기자들이 오탈자를 소홀히 하면 '大統領'을 '犬統領'으로 오도할 수도 있다. 대통령이 점 하나 때문에 개통령이 되는 것이다. 글밥 먹는 사람들이 오탈자 무서운 줄 모르면 점 하나 차이로 밥줄이 끊어지는 경우도 있다.

이토록 하늘 청명한 가을에는 티끌만 한 미움조차 가슴에 남겨두기 죄스럽지요. 하지만 아픈 기억의 편린일수록 더욱 선명한 빛깔의 단풍으로 물들지 않던가요. 해마다 가을이면 그대 발밑에 각혈 같은 빛깔로 흩어지는 단풍잎들, 그대에 대한 제 미움은 아직 그대로 선명합니다.

술꾼의 굴욕 마실 때는 천하를 깔아뭉갤 듯한 기개, 깨고 나면 떡실신이 되어 방바닥을 긁어야 하는 신세.

오래도록 영국에서 살아온 영국 사람이 영어 스펠링을 틀리게 쓰는 것은 수치스러운 일일지 몰라도 오래도록 한국에서 살아온 한국 사람이 영어 스펠링을 틀리게 쓰는 것은 수치스러운 일이 아니다. 그런데 한국 사람이면서 한글을 번번이 틀리게 쓰는 성인들이 있다. 거의 초딩 수준이다. 하지만 비난하지 말라. 누구나 결함은 가지고 있다. 우리는 대부분 자타의 결함을 적당히 포용하면서 살아간다. 그래서 인간은 나약하면서도 아름다운 존재인 것이다.

많이 아는 사람이 되려고 노력하기보다는 많이 느끼는 사람이 되려고 노력하라. 많이 느끼는 사람이 되려고 노력하기보다는 많이 깨닫는 사람이 되려고 노력하라. 태산같이 높은 지식도 티끌 같은 깨달음 한 번에 무너져버리나니, 오늘도 몽요담 돌거북은 번개 한 번에 삼천리를 두루 살피고 돌아온다.

5장
즐!

   토끼와 거북이를 육지에서 한 번만 경주를 시키고 토끼를 자만과 태만을 상징하는 동물로 간주하거나 거북이를 근면과 겸손을 상징하는 동물로 간주하면 안 된다. 바다에서 경주를 시키면 전혀 다른 결과가 나올지도 모르기 때문이다. 인간들이 어떤 대상의 가치를 판단하는 방식은 거의가 이런 모순을 간직하고 있다. 세상이 그대를 과소평가하더라도 절망하지 말라. 그대는 누가 뭐라고 해도 우주 유일의 존재다.

　불투명한 미래, 흔들리는 젊음. 저물녘 시린 늑골을 적시며 추적추적 비가 내릴 때, 나는 유행가 한 소절에도 왈칵 눈물이 났었네. 성질 더러운 팥쥐라도 곁에 있다면 사랑한다고 말해 주고 싶었네.

인간반성 대부분의 동물들은 먹이가 생기면 서열이 높은 우두머리가 먼저 먹이를 차지하는 습성을 가지고 있다. 그러나 닭의 우두머리는 다르다. 서열이 낮은 놈들이 먹이를 배불리 먹을 때까지 주위를 경계해 주고 자기는 제일 나중에 먹이를 먹는다. 우리는 가끔 머리가 나쁜 사람을 닭대가리에 비유하지만 탐욕에 사로잡혀 부모형제도 몰라보는 인간들이 늘어가는 현실을 생각하면, 아놔, 만물의 영장, 닭과 함께 살아갈 면목조차 없는 입장이다.

아무래도 좋기는 하지만 담배 연기 한 모금 뿜어내고 창 밖을 내다보니 캄캄한 어둠 하늘이 흐렸구나. 비냄새 섞인 바람도 불고 마른 무릎뼈가 삐걱거리기는 하지만 지금 빨래를 걷어두지 않으면 곰팡이냄새 나는 옷을 입어야 한다. 무슨 옷을 입어도 멋있어 보일 몰골은 아니지만 단지 무릎뼈 한번 펴기 싫어서 곰팡이냄새 나는 옷을 걸치고 살아갈 내 어리석음이 부끄러울 뿐.

운이 꼬일 때가 있다. 그럴 때는 하는 일마다 실패를 초래한다. 하지만 헤어나는 방법이 있다. 일부러 어려운 사람들을 찾아다니면서 무조건 베풀어라. 그러면 거짓말처럼 모든 일이 잘 풀리게 된다.

구토 유발자 등산을 하실 때 '진달래'와 '철쭉'을 혼동하시는 것쯤은 애교로 봐드릴 수 있어요. 하지만 글을 쓰실 때 '하는데'를 '하는대'로 쓰시거나 '인간의'를 '인간에'로 쓰시는 경우는 참을 수가 없어요. 심지어 당신은 '을'과 '를'조차도 구분하지 못하잖아요. 그러면서도 당신이 뉴요커라는 자부심을 과시하면서 대화 중에 뻑 하면 고명처럼 삽입하는 영어, 제게는 구토감을 유발시켜요.

돈도 암수가 있어서 교미를 시키고 새끼를 치게 만들 수만 있다면 얼마나 재미있는 일들이 많이 생길까요. 인간을 사료로 삼지만 않는다면.

215

하늘이 폐병을 앓고 있습니다. 오늘 밤 별들은 전멸이 예상됩니다. 어린왕자에게 방독면을 보내주세요.

216

현대의 젊은이들은 대부분 시련과 고통에는 나약한 면모를 보이면서도 터프해 보이고 싶어서인지 다소 폭력적인 언어들을 사용하기를 좋아한다. 술 한잔 쏴라, 영화 한편 때리자, 죽여주잖냐, 해골 뽀개지네, 염장 지른다, 쌕소를 날리고 있네, 눈깔 튀어 나온다, 배 터지게 먹었다―이런 표현들을 그대로 외국말로 직역해서 외국 사람들과 대화를 나누면 어떤 반응을 나타내 보일지 자못 궁금해진다.

217

이쑤시개가 야구방망이를 보고 말했다. 그 몰골로 누구의 이빨을 쑤시겠니, 쓸모없는 놈.

218

어떤 분이 인간극장 프로에서 우리 집 개가 묶여 있는 장면을 보고 어떤 인터넷 게시판에 개를 풀어주라는 글을 올렸다. 동물을 사랑하시는 분 같다. 하지만 그분은 우리 집 주변에 밀렵꾼들이 설치한 덫이 많다는 사실은 모르고 있음이 분명하다. 그 밖에 자기 시각으로만 어떤 상태를 단정하고 불만을 토로하신 분들이 있었는데 하악하악, 해는 반드시 동쪽에서 떠서 서쪽으로 지지는 않는다고 말씀드리면 납득하실까. 오늘도 먼 산머리 조각구름은 거처가 없다.

219

살아남는 비결 따위는 없어. 하악하악. 초지일관 한 가지 일에만 전심전력을 기울이면서 조낸 버티는 거야. 하악하악. 그러니까 버틴다는 말과 초월한다는 말은 이음동의어야.

220

피노키오가 실존했다면 단언컨대 서른이 되기 전에 자신을 창조한 작가 콜로디를 목졸라 죽이고 말았을 것이다. 거짓말을 할 때마다 자신의 심벌이 커지게 만들지 않고 하필이면 아무짝에도 쓸모없는 코가 커지게 만들다니, 얼마나 복장이 터지겠는가.

때로 인간은 완장을 차면 눈이 멀기도 한다. 특히 정치가들 중에는 뒷걸음질을 반복하면서 자신이 진보하고 있다는 신념을 버리지 않는 사람들이 있다. 무서운 신념의 압박, 캐안습이다.

222

살다 보면 청룡언월도로 몽당연필을 깎고 있는 사람들도 만나게 된다.

223

외롭지 시리즈 비 오는 날 처마 밑에 낯선 나그네 하나 머무르다 떠난 자리만 보아도 온 세상이 텅 비어버린 듯한 외로움을 느끼지 말입니다. 털썩.

224

어쩌면 좋아 바닷물을 다 퍼마셔봐야만 바닷물이 짜다는 사실을 인정할 수 있다고 생각하는 사람들이 있다.

225

센스라는 글자가 섹스라는 글자로 보인다. 동상이라는 단어를 보면 가운데 '영' 자가 빠진 줄 안다. 음모론이 치부에 나는 털을 학술적으로 연구한 논문의 일종이라고 생각한다. 가정이라는 단어를 보면 끝에 '부' 자를 첨부하고 싶어진다. 얼떨결에 선교활동이 성교활동으로 발음된다. 역사시간에 1969년이라는 연도가 나오자 갑자기 낯이 뜨거워진다.—한 가지라도 일치하면 그대는 야동중독자^^

하루 종일 남을 위해 한 일이 아무것도 없다면 결국 하루를 헛살았다고 보아도 무방하다.

식인종이 야동을 보면서 말했다. 저놈들은 정말 다양한 방식으로 농사를 짓는다니까.

지성을 초월한 대화 뱁새가 황새를 쫓아가면 가랑이가 찢어진다—인간. 조까, 명색이 새인데 날아서 쫓아가지 미쳤다고 걸어서 쫓아가냐—뱁새.

하루살이는 하루를 살더라도 먹이 때문에 땅바닥에 배를 끌고 기어다니지는 않는다. 젊은이들이여, 진실로 인간답게 살고 싶다면 지금부터라도 의식의 날개를 가지기 위해 부단히 노력하라.

젊은이여. 바람 불 때마다 꽃잎 아름답게 흩날리는 나무를 부러워하지 말라. 꽃잎 다 져버린 나무는 가을이 되면 다시 열매 익는 나무를 부러워하게 되리니. 바람이 불 때마다 함부로 흔들리는 수양버들에 무슨 열매가 열리던가. 오늘도 쇠 귀에 경을 읽는 꽃노털 옵하의 외로움.

작업의 재구성 플라스틱 가화는 아름다운 자태를 가지고 있으나 벌 나비를 불러들이지 못한다. 향기가 없기 때문이다. 자신이 생각하기에는 남들에 비해 조금도 모자람이 없는데 도무지 이성의 관심을 끌지 못하는 분들은 자신이 어떤 향기를 간직하고 있는가를 생각해 보라. 인간의 진정한 향기는 어떤 화장품을 사용하는가에 따라 달라지는 것이 아니라 어떤 사유를 하면서 살아가느냐에 따라 달라지는 것이다.

남자들의 평화를 생각한다면 절대로 여자들을 군대에 보내지 말아야 한다. 여자들은 남자들의 군대얘기, 축구얘기, 군대에서 축구한 얘기를 가장 듣기 싫어한다지만 만약 여자들이 의무적으로 군대에 갔다 와야 한다면 어떤 현상이 생길까. 하악하악. 여자들의 수다는 지금보다 백배는 더 늘어날 것이다. 그리고 남자들은 날마다 그 수다를 들으면서 신경쇠약으로 말라죽고 말 것이다. 하악하악.

233

아, 돌아보면 눈물겨워라. 마음을 비우기 전에 내장이 먼저 비어 있었던 내 젊은 날.

천장 모서리에 거미가 허름한 집 한 채를 지었구나. 미안하다. 춥지 않게는 해줄 수가 있지만 배고프지 않게는 해줄 수가 없구나.

시간의 강물 가득히 비가 내리고 있습니다. 내 젊은 날의 환영 하나가 남루한 차림새로 담벼락에 이마를 기댄 채 오열을 참아내고 있습니다. 모두들 나를 버리고 어디로 멀리 떠나버렸을까요. 세상은 텅 비어 있고 빗소리만 자욱합니다.

달님, 이번 보름에는 달님을 한 돈만 떼어서 목걸이를 만들게 해주세요. 아무리 우울한 사람도 목에만 걸어주면 뼛속까지 달빛으로 환해지는 목걸이.

지성을 초월한 대화 호박꽃도 꽃이냐—인간. 당신은 이런 꽃이라도 한번 피워본 적이 있으슈—호박.

주변을 살펴보면 사랑에 목마른 사람들이 너무 많아서 인스턴트 사랑자판기라도 발명해야겠다는 생각이 들었다. 자판기를 발명하면 어떤 장소에 설치하는 것이 가장 적합할까.

　감성마을은 마침내 폭설 속에 파묻혀버리고 말았습니다. 손님들은 발이 묶인 채 모월당에서 눈이 그치기만을 기다리고 있습니다. 하지만 눈이 그치면 돌아갈 수 있는 것이 아니라 길이 뚫려야 돌아갈 수 있습니다. 만세, 길이 뚫릴 때까지는 외롭지 않아도 될 것 같습니다.

쪽팔림 예방을 위한 백신 한 알 남을 비난하고 싶은가. 그러면 그 비난을 자신에게 한번 적용시켜 보라. 해당되는 부분이 있는가. 있다면 정작 비난받아야 할 사람은 당신 자신일지도 모른다.

어쩌면 좋아 어떤 문필가는 '술 끊는 법'이라는 책을 발간해서 독자들로 하여금 술을 끊는 대신 책을 끊게 만들기도 한다.

똥파리의 착각 아무도 환영하지 않는데 날마다 날아와 성가시게 깐죽거린다. 파리채로 때려잡을 수도 있지만 자비심을 베풀어 손사래로 쫓으면 자기가 얼마나 가치 있는 존재인 줄 모른다고 항변한다. 자기도 날개를 가졌으니까 봉황과 동격으로 대접받아야 한다고 주장한다. 뿐만 아니라 자신의 주장이 언제나 논리정연하다는 착각을 버리지 못한다. 하지만 똥파리는 아무리 발악을 해도 똥파리일 뿐 봉황이 되지는 못한다.

243

대한민국이라는 나라에 사는 인간들은 멍청한 놈들을 비유할 때 툭하면 죄 없는 맹꽁이를 들먹거리기 일쑤였다. 맹꽁이들로서는 치욕스럽기 그지없는 처사였다. 맹권보호위원회라도 있다면 인간들을 모조리 제소해서 콩밥이라도 먹이고 싶은 심정이었다. 그러나 언제부터인가 인간들은 멍청한 놈들을 닭대가리라고 놀려대기 시작했다. 대한맹꽁이협회가 닭들에게 감사장을 보내야 할지 인간들에게 감사장을 보내야 할지 맹꽁이 같은 고민에 빠지게 만드는 사안이 아닐 수 없었다.

244

아는 만큼 보인다는 말이 있다. 하지만 진리는 아니다. 때로는 지식의 백태가 끼어 정작 보아야 할 진체를 보지 못하는 경우도 허다하다.

215

자기 가슴 닫힌 줄도 모르면서 죽어라 하늘문만 두드리고 있구나.

216

하필이면 비 오는 날 태어난 하루살이에게, 굳이 태양이 있다는 사실을 가르쳐주려는 넘들이 있다. 이럴 때는 지식이 곧 죄악이 될 수도 있다.

247

젊었을 때, 내가 장대 끝에서 한 걸음 더 나아가라는 법문을 들려주면 어김없이 '다리가 부러지고 싶으면 무슨 짓을 못 하겠냐'는 식으로 응대하는 사람들이 많았다. 비행기에는 반드시 날개가 있어야 하고 자동차에는 반드시 바퀴가 있어야 한다고 생각하는 사람들이었다. 그들은 수십 년이 지난 지금까지도 장대 중간에 위태롭게 앉아 있다. 그것이 곧 인생이라고 생각하면서.

학벌 좋은 사람을 위해서만 태양이 떠오르는 것은 아니다. 이 말의 의미조차 모른다면 태양 따위 떠오르나 마나겠지만.

인간만성 습관적으로 남의 의견이나 주장을 별다른 타당성도 없이 일단 부정부터 함으로써 자신의 존재를 드러내려는 사람들이 있다. 그런 사람들은 대개 남의 의견이나 충언 따위는 경청하려 들지 않는 악습을 가지고 있을 뿐만 아니라, 자존심까지 조낸 강해서 절대로 자신의 실패를 인정하려 들지 않는 특질도 가지고 있다. 그래서 그들은 실패를 거듭할 수밖에 없다.

세상이 변하기를 소망하지 말고 그대 자신이 변하기를 소망하라. 세상에게 바라는 것이 많은 사람에게는, 불만과 실패라는 이름의 불청객이 찾아와서 포기를 종용하고, 자신에게 바라는 것이 많은 사람에게는, 성공과 희망이라는 이름의 초청객이 찾아와서 도전을 장려한다. 그대 인생의 주인은 세상이 아니라 그대 자신이다.

251

하루 일곱 갑 정도 피우던 담배를 하루 세 갑 정도로 줄일 계획이다. 라고 쓰는 와중에 하마터면 담배를 집을 뻔했다. 휘이.

252

뒤돌아보니 내 몸무게보다 천 배나 무거운 인생을 짊어지고 여기까지 걸어왔구나.

하루 일곱 갑 피우던 담배, 어제는 두 갑으로 줄였다. 이만하면 괜찮은 의지력이라고 자뻑하고 있다. 이제 야동만 줄이면 된다. 하악하악.

기상청 예보가 자주 틀리는 건 직원들 건강상태가 매우 양호하다는 증거다. 직원들 중에 신경통 환자가 한 명만 있어도 그 정도로 헛다리를 짚지는 않을 텐데.

날개가 부러진 바람 창틀에 앉아 푸득거리고 있다 잠이 오지 않는다 습관처럼 호주머니를 뒤적거린다 커다란 공허가 만져진다—금연중.

256

그대 주변에 어떤 문제가 발생했을 때 그대가 "안심하세요, 제가 있으니까요"라고 말해 주면 그대를 믿고 안심하는 사람이 몇 명이나 있나요. 가족조차도 그대의 말을 신뢰하지 않는다면 그대의 인생은 아직 미완성입니다.

257

인간은 '알았다'에 의해서 어리석어지고 '느꼈다'에 의해서 성숙해지며 '깨우쳤다'에 의해서 자비로워진다. 그런데도 제도적 교육은 후덜덜, 죽어라 하고 '알았다'를 가르치는 일에만 전념한다. 즐!

절망과 고독의 껍질 속에 갇혀 있는 번데기여. 포기하지 말라. 혼신의 힘을 다해서 껍질을 뚫어라. 그러면 무한창공, 눈부신 자유가 그대를 기다리고 있음을 알게 되리니.

　인터넷에서 하악하악이 대세라니까 나도 해본다. 하악하악 하악하악 하악하악 하악하악 하악하악 하악하악. 뭐냐 이거, 두루마기를 휘날리면서 할리데이비슨을 타는 기분이로군!

260

아, 생명이란 얼마나 아름다운 것인지. 하악하악.

◆ 이 책에 담긴 모든 민물고기들

12쪽
점몰개

15쪽
꾹저구

19쪽
새코미꾸리

23쪽
꺽정이

30쪽
민물두줄망둑

32쪽
동자개

34쪽
버들붕어

37쪽
새미

40쪽
송사리

45쪽
가는돌고기

147쪽
눈불개

150쪽
뱀장어

151쪽
다묵장어

158쪽
잔가시고기

169쪽
산천어

172쪽
붕어

177쪽
돌상어

180쪽
흰수마자

185쪽
눈동자개

191쪽
대륙종개

192쪽
피라미

195쪽
메기

232쪽
수수미꾸리

235쪽
미유기

241쪽
긴몰개

244쪽
쌀미꾸리

248쪽
열목어

251쪽
금강모치

※ 세밀화 감수 | 생물학박사 이완옥   일러스트 | 박경진

하악하악

초판 1쇄 2008년 3월 30일
초판 58쇄 2015년 10월 20일

지은이 | 이외수
그린이 | 정태련
펴낸이 | 송영석

주간 | 김수영
책임편집 | 이진숙
기획편집 | 이혜진 · 차재호 · 이현정
외서기획 | 박수진
디자인 | 박윤정 · 박새로미
마케팅 | 이종우 · 김정혜 · 한명회 · 황지현 · 김유종
관리 | 정미희 · 송우석 · 황규성 · 김지희

펴낸곳 | (株)해냄출판사
등록번호 | 제10-229호
등록일자 | 1988년 5월 11일

서울시 마포구 잔다리로 30(서교동 368-4) 해냄빌딩 5·6층
대표전화 | 326-1600 **팩스** | 326-1624
홈페이지 | www.hainaim.com

ISBN 978-89-7337-950-7

파본은 본사나 구입하신 서점에서 교환하여 드립니다.

한 가지 일에 평생을 건 사람에게는 오늘의 일을 내일로 미루지 말라는 격언이 무의미하다. 그에게는 오늘이나 내일이 따로 없고 다만 '언제나'가 있을 뿐이기 때문이다.